Los tiburones blancos

ANIMALES DEPREDADORES

SANDRA MARKLE

EDICIONES LERNER / MINNEAPOLIS

El mundo animal está lleno de
DEPREDADORES.

Los depredadores son cazadores que para sobrevivir buscan, atrapan y devoran a otros animales, los cuales son sus presas. Cada medio ambiente tiene su cadena de cazadores. Los depredadores más pequeños, más lentos y menos capaces se convierten en presas de cazadores más grandes, rápidos y astutos. En todo el mundo, son pocos los depredadores que están arriba de la cadena alimentaria.

En los océanos, uno de estos depredadores es el tiburón blanco.

Una hembra de gran tamaño nada sola, unos 20 a 30 pies (6 a 9 metros) bajo la superficie del océano, buscando una presa. Su vientre blanco le permite acercarse sin ser notada a las presas que miran desde aguas más profundas hacia arriba, hacia la luz del cielo. El oscuro lomo azul grisáceo la mantiene camuflada (oculta) cuando se acerca a presas que miran hacia abajo, a las oscuras profundidades del océano, desde cerca de la superficie.

Todos los sentidos del tiburón están en alerta para encontrar pistas que puedan indicar que hay presas cercanas. Esta vez, su sentido del oído le da la primera pista. El tiburón tiene pequeñas aberturas para los oídos en la parte superior de la cabeza. A través de canales, estas aberturas conducen a sacos especiales que detectan sonidos y envían mensajes al cerebro del tiburón. Unos chasquidos lejanos y vibraciones agudas despiertan la curiosidad del tiburón lo suficiente para cambiar de rumbo e investigar.

Pronto, la hembra percibe un rastro de olor. Los orificios nasales del tiburón no son para respirar. Conducen a sacos nasales llenos de células especiales sensibles a los olores. Al nadar, el agua entra en los orificios y los sacos nasales. Cuando estas células especiales detectan sustancias químicas en el agua, envían mensajes al cerebro. Entonces, la cazadora reconoce el olor de una de sus presas favoritas: la foca.

Las focas no se dan cuenta de que un depredador se acerca. Se sienten seguras porque están en grupo. Eso quiere decir que hay muchos ojos y oídos atentos a los cazadores. También quiere decir que a los depredadores que se acerquen les será más difícil elegir qué animal atacar.

Cuando el tiburón blanco está a una distancia equivalente a cuatro autos, ve la presa. Aún mejor: ve una foca que está sola. Con grandes coletazos de lado a lado, la hembra apunta y se lanza hacia adelante.

Nadando a gran velocidad, la hembra avanza hacia la superficie. Justo antes de alcanzar la presa, abre la boca. Sus dos mandíbulas, la superior y la inferior, son móviles. Las empuja hacia adelante, con lo que aumenta mucho el tamaño de la boca abierta. Armada con casi cien dientes, está lista para atacar.

¡Y qué armas son estos dientes! Cada uno mide 2 pulgadas (5 centímetros), es filoso como una navaja y tiene un borde serrado (irregular) con el que corta la piel.

Sin embargo, justo a tiempo, la foca mira hacia abajo y ve a la cazadora. La foca salta y gira en el aire. Como una explosión, el tiburón blanco salta del agua y cierra las mandíbulas de un golpe. Pero fue una fracción de segundo más lenta que la foca.

Al cerrar las mandíbulas, la gran hembra pierde dos dientes flojos. Sin embargo, esto es bastante común. El tiburón blanco cambia de dientes de forma regular, y constantemente se forman nuevos dientes dentro de sus mandíbulas. De esa manera, la cazadora siempre tiene un conjunto de dientes fuertes y filosos. Por supuesto, antes de que pueda usar esas armas, la gran hembra tiene que atrapar a su presa.

El tiburón blanco mide 16 pies (5 metros) de largo y pesa lo mismo que un auto. Aun así, puede lanzarse fuera del agua y doblar su musculoso cuerpo para girar en el aire. Mientras la foca se sumerge y sale de entre las olas, el tiburón la sigue. Cuando está suficientemente cerca para intentar otra mordida, se lanza abriendo las mandíbulas y cerrándolas de golpe. Esta vez, los dientes de la cazadora muerden el costado de la presa. Pero la foca es joven y rápida. Avanza en el momento justo y una vez más apenas logra escapar. Los dientes del tiburón sólo rozan el costado de la foca.

La foca tuvo suerte. El tiburón casi le arranca una de las aletas traseras, que son las que usa para moverse en el agua. Si se hubiera lastimado las aletas, el tiburón podría haber acabado con la foca fácilmente.

Con repentino impulso, la foca nada hacia aguas demasiado bajas para el tiburón. Luego, salta a la costa rocosa para estar segura y se aleja del agua, dejando un rastro de sangre a su paso. Algunas de las focas que la observan tienen cicatrices de sus propios encuentros con tiburones.

El tiburón blanco es un depredador que por lo general caza solo. Por lo tanto, el único alimento que esta hembra come es el que caza ella misma. De inmediato, el tiburón comienza a cazar otra vez. Nada hacia otro grupo de focas. A la vista del tiburón que se acerca, las focas se amontonan y luchan por quedar detrás de la cabeza del tiburón y lejos de sus mortales mandíbulas.

Cuando el tiburón blanco se da la vuelta y ataca, dos jóvenes focas salen del agua de un salto. Nadan rápidamente y logran escapar sin problemas, pero una foca más vieja se queda atrás.

Centrándose en su presa, el tiburón se impulsa y ataca. La foca salta, pero no es tan rápida como las más jóvenes.

Cuando el tiburón muerde, sus ojos giran hacia atrás para protegerse de los movimientos de la presa. Pero la vieja foca apenas logra moverse antes de que el tiburón le clave los dientes en el vientre y la mate.

Debido a que los dientes del tiburón están diseñados para morder y no para masticar, la gran hembra sacude la cabeza para arrancar un pedazo de carne. Después de tragarlo entero, arranca otro pedazo y repite el proceso hasta que termina de comer. Luego, sigue adelante.

La acción muscular necesaria para cazar y moverse por el agua le da calor al tiburón blanco. El tiburón es un pez, pero a diferencia de otros peces, no pierde todo el calor corporal al moverse. El cuerpo del tiburón puede guardar parte de su calor, que circula y sirve para que los ojos, el cerebro y los músculos funcionen bien, incluso si el agua a su alrededor está muy fría. Este gran tiburón puede responder y moverse más rápido que otros animales más fríos, lo cual es una ventaja al cazar en aguas frías. El cuerpo del tiburón también hace uso eficiente de la energía que obtiene de los alimentos. Después de comer una foca grande, pueden pasar hasta dos meses antes de que el tiburón blanco necesite comer otra vez.

El gran tamaño del tiburón le sirve para atrapar presas grandes. Sin embargo, también quiere decir que se mueve con mayor lentitud que cuando era más joven y de menor tamaño. Por lo tanto, es menos probable que atrape presas pequeñas y rápidas. Definitivamente, es demasiado lenta para atrapar a los pequeños peces que nadan rápidamente en este cardumen. Sigue adelante sin gastar energía en intentarlo. Incluso cuando no está cazando, el tiburón blanco sigue nadando. Los peces óseos, como el arenque y el bacalao, tienen una vejiga llena de aire que les permite flotar. Pero el tiburón no tiene esta vejiga, por lo tanto tiene que permanecer en movimiento para no hundirse.

Cuando nada, el agua pasa por la boca del tiburón, por las branquias y sale por las hendiduras de los costados. Las branquias, que se ven a continuación, son en realidad bolsas que contienen muchas partes con forma de globo. El corazón del tiburón bombea sangre que entra y sale de las branquias. El oxígeno del agua atraviesa las paredes de las bolsas y pasa a la sangre. La sangre rica en oxígeno fluye al corazón y éste la bombea por todo el cuerpo del tiburón. Entonces, el oxígeno se combina con los nutrientes de los alimentos que el tiburón ha comido y así se produce la energía que necesita para vivir y cazar.

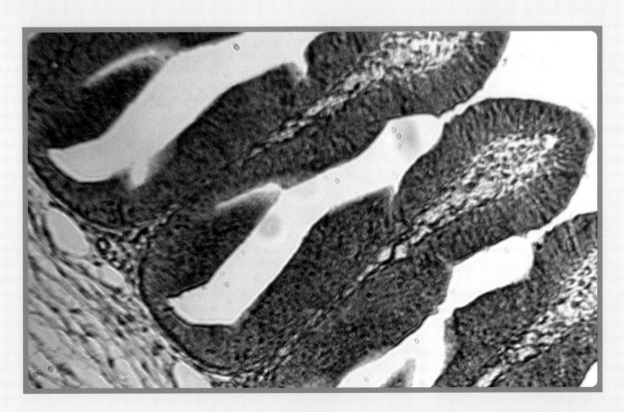

El tiburón blanco se siente especialmente atraído por el olor de la sangre en el agua. Esta vez, el rastro de olor lo conduce al cuerpo muerto de una ballena de Bryde que flota en el agua. Cuando tiene la oportunidad, el tiburón come presas muertas, así que pone dientes a la obra. Un rato después, otro tiburón blanco aparece y comienza a comer otra parte de la ballena muerta. Los tiburones no se atacan entre ellos y rara vez pelean. De esta manera evitan lesionarse. La hembra se alimenta hasta quedar satisfecha. Después, se va.

En otra ocasión, la hembra sigue un rastro de sangre hasta una foca herida y la mata rápidamente. Esas oportunidades son comidas fáciles para el tiburón. Al comer animales moribundos o muertos, el tiburón también ayuda a mantener limpio el océano.

Al igual que la mayoría de los tiburones blancos, la hembra prefiere permanecer en aguas costeras. Es allí donde encuentra fácilmente presas que emboscar (atacar). Día tras día, la hembra viaja y caza. Al mismo tiempo, algo sorprendente sucede dentro de su gran cuerpo. La hembra está preñada: dentro de ella crecen siete crías de tiburón. El cuerpo de la hembra no alimenta a las crías con comida. Cada cría tiene un saco vitelino que contiene alimento. Para obtener más energía mientras están dentro de la madre, algunos tiburones se comen a sus hermanos.

Cuando llega el momento de nacer, las crías sobrevivientes salen de cola, una por una. Desde el momento en que salen del cuerpo de la madre, los jóvenes tiburones tienen que valerse por sí mismos. Están preparados para ello. Cada cría ya mide cerca de 5 pies (1.5 metros) y está armada con una boca llena de dientes filosos.

Al comienzo, los jóvenes tiburones blancos cazarán sólo peces más pequeños. También tendrán que estar alertas por si aparecen tiburones más grandes que los puedan atacar. Las crías de tiburón crecerán año tras año y, llegado el momento, reclamarán su lugar entre los máximos depredadores que cazan en los océanos.

Retrospectiva

- Observa la cola del tiburón en cualquier página donde puedas verlo de cuerpo entero. Descubrirás que la parte superior de la cola es más larga que la inferior. Cuando el tiburón mueve la cola para girar, la parte superior hiende el agua más que la inferior, lo cual le permite al tiburón girar más rápidamente.

- Observa con atención los dientes de tiburón de la página 11. Si pudieras tocar un tiburón blanco, descubrirías que todo su cuerpo está cubierto de pequeñas escamas parecidas a sus dientes. Esta cubierta áspera es como una armadura, pero también atrapa una capa de agua alrededor del cuerpo del tiburón, lo que le permite moverse por el agua con mayor facilidad.

- Si regresas a la página 19, una de las primeras cosas que verás es la alta aleta dorsal del tiburón. Si bien delata la ubicación del tiburón, también lo mantiene firme en su rumbo. Si no tuviera esta aleta, en vez de avanzar hacia adelante, el tiburón se voltearía con cada coletazo que diera.

Glosario

BRANQUIA: parte del cuerpo con que respira el tiburón. Las branquias absorben oxígeno y liberan dióxido de carbono al agua.

CEREBRO: parte del cuerpo que recibe mensajes sobre lo que sucede dentro y fuera del cuerpo, y controla la respuesta

CRÍA: tiburón joven

DEPREDADOR: animal cazador

DIENTE: parte dura del cuerpo que el tiburón usa para sujetar y desgarrar el alimento. Permanentemente se desarrollan nuevos dientes para reemplazar los que se pierden.

NUTRIENTES: sustancias químicas en las que se descompone el alimento y que son usadas por el cuerpo del tiburón

ORIFICIO NASAL: las aberturas que conducen al saco nasal

OXÍGENO: gas del aire y el agua que pasa a la sangre a través de las branquias y es transportado por todo el cuerpo del tiburón. El oxígeno se combina con los nutrientes de los alimentos para producir energía.

PRESA: animal que un depredador caza para comer

SACO NASAL: parte del cuerpo cubierta de células que detectan olores y envían mensajes al cerebro

SACO VITELINO: provisión de alimento almacenado para las crías en desarrollo

SANGRE: líquido que transporta nutrientes y oxígeno a todas las partes del cuerpo y se lleva desechos, como el dióxido de carbono

Información adicional

LIBROS

Berman, Ruth. *Sharks.* Fotografías de Jeffrey Rotman. Minneapolis: Carolrhoda Books Inc., 1995. La historia natural de los tiburones contada a través de texto y fotografías.

Brennen, Joseph K. *The Great White Shark.* Nueva York: Workman Publishing Company, 1996. Este libro, acompañado por una reproducción del diorama del Museo Estadounidense de Historia Natural, invita a los lectores a descubrir por qué el tiburón tiene éxito en su medio ambiente.

Cerullo, Mary, y Jeffrey Rotman. *The Truth about Great White Sharks.* San Francisco: Chronicle Books, 2000. Este libro describe los rasgos físicos del tiburón blanco, las dificultades que los científicos tienen para estudiarlos y el potencial del animal de brindar beneficios médicos a los seres humanos.

Levine, Marie, Karen Dudley y Patricia Miller-Schroeder. *Great White Sharks.* Austin, TX: Raintree/ Steck-Vaughn, 1998. Este libro revela la verdad sobre los mitos relacionados con el tiburón blanco y describe la investigación sobre la historia de este tiburón.

VIDEOS

National Geographic's Great White Shark: Truth about the Legend (National Geographic, 2000). El autor de *Jaws,* Peter Benchley, se une al reconocido fotógrafo submarino David Doubilet para informar sobre la realidad de las interacciones de este tiburón con los seres humanos.

The Sharks (National Geographic, 1982). Este video investiga todo tipo de tiburones e incluye muchas tomas submarinas.

Índice

Con amor, para mis queridos amigos John y Barbara Clampet

La autora desea agradecer al Dr. John E. McCosker, científico principal y presidente del Departamento de Biología Acuática, Academia de Ciencias de California, y Dan Godoy, científico marino de Kelly Tarlton's Antarctic Encounter and Underwater World, por compartir su experiencia y entusiasmo. Como siempre, un agradecimiento especial para Skip Jeffery, por su ayuda y apoyo.

Agradecimientos de fotografías
Las imágenes presentes en este libro se utilizan con autorización de: © James D. Watt/ Seapics.com, pág. 1; © Ron y Valerie Taylor/ Seapics.com, pág. 3; © Jonathan Bird/ Seapics.com, pág. 4; © Ralph A. Clevenger/ CORBIS, pág. 7; © Ingrid Visser/ Seapics.com, pág. 8; © Tobias Bernhard/ Oxford Scientific Films, pág. 9; © Marilyn y Maris Kazmers/ Seapics.com, págs. 10, 21, 23; © Doug Perrine/ Seapics.com, págs. 11, 19, 32; © C. y M. Fallows/ Seapics.com, págs. 12, 15, 16, 22, © Ralf Kiefner/ Seapics.com, págs. 20, 31; © David Fleetham/ Oxford Scientific Films, págs. 24, 28, 35; © Jeff Rotman/ Seapics.com, p. 27; © Ron Boardman; Frank Lane Picture Agency/ CORBIS, pág. 29; © David B. Fleetham/ Seapics.com, pág. 36. Portada: © David B. Fleetham/ Seapics.com.

Traducción al español: © 2007 por ediciones Lerner
Título original: *Great White Sharks*
Texto copyright: © 2004 por Sandra Markle

La edición en español fue realizada por un equipo de traductores nativos de español de translations.com, empresa mundial dedicada a la traducción.

ediciones Lerner
Una división de Lerner Publishing Group
241 First Avenue North
Minneapolis, MN 55401 EUA

Dirección de Internet: www.lernerbooks.com

Library of Congress Cataloging-in-Publication Data

Markle, Sandra.
 [Great white sharks. Spanish]
 Los tiburones blancos / por Sandra Markle.
  p. cm. — (Animales depredadores)
 Includes bibliographical references and index.
 ISBN-13: 978-0-8225-6490-4 (lib. bdg. : alk. paper)
 ISBN-10: 0-8225-6490-4 (lib. bdg. : alk. paper)
 1. White shark—Juvenile literature. I. Title. II. Series: Markle, Sandra. Animales depredadores.
QL638.95.L3M36518 2007
597.3'3—dc22   2006010507

Fabricado en los Estados Unidos de América
1 2 3 4 5 6 – DP – 12 11 10 09 08 07